Matthias Fiedler

Ideia para uma busca de imóveis inovadora: simplificando as transações imobiliárias

Busca de imóveis inovadora: transações imobiliárias eficientes, simples e profissionais por meio de um portal inovador na internet

Notas da edição

1ª edição impressa | Fevereiro de 2017 - **Português (Brasil)**
(Publicado originalmente en alemán, diciembre de 2016)

© 2016 Matthias Fiedler

Matthias Fiedler
Erika-von-Brockdorff-Str. 19
41352 Korschenbroich
Alemanha
www.matthiasfiedler.net

Criação e impressão:
Vide informações impressas na última página.

Arte da capa: Matthias Fiedler
Criação do e-book: Matthias Fiedler

ISBN-13 (brochura): 978-3-947184-90-3
ISBN-13 (E-Book mobi): 978-3-947184-24-8
ISBN-13 (E-Book epub): 978-3-947184-25-5

Informações bibliográficas da Biblioteca Nacional Alemã:
A Biblioteca Nacional Alemã inclui esta publicação na lista da bibliografia nacional alemã. Dados bibliográficos detalhados podem ser encontrados no site http://dnb.d-nb.de.

APRESENTAÇÃO

Esta obra apresenta um conceito revolucionário para um portal inovador de busca de imóveis mundial (app – aplicativo), com um cálculo do seu considerável potencial de faturamento (bilhões de euros). Esse aplicativo é integrado a um software de corretagem de imóveis que inclui a avaliação dos mesmos (potencial de faturamento de bilhões de euros).

Com isso, é possível compartilhar rápida e eficientemente dados de imóveis residenciais e comerciais, tanto próprios quanto alugados. É o futuro das transações de imóveis, arrojado e profissional, para todos os corretores e pessoas que buscam imóveis. A inovadora busca funciona em quase todos os países e até mesmo em vários países ao mesmo tempo.

Em vez de apresentar os imóveis aos possíveis compradores e locatários, o portal inovador de busca de imóveis faz um perfil (perfil de busca) dos interessados em alugar ou comprar imóveis e o compara e conecta com os imóveis disponibilizados pelas corretoras.

CONTEÚDO

PREFÁCIO

Elaborei e aprimorei a ideia da busca de imóveis inovadora aqui descrita em 2011.

Trabalho no mercado imobiliário desde 1998, com corretagem, compra, venda, avaliação e locação de imóveis, assim como na valorização de lotes, entre outras atividades. Sou formado, dentre outros títulos, como economista de imóveis (ADI), administrador de imóveis (IHK) e especialista em avaliação de imóveis (DEKRA). Também sou membro da associação imobiliária internacionalmente reconhecida Royal Institution of Chartered Surveyors (MRICS).

Matthias Fiedler
Korschenbroich, 31/10/2016
www.matthiasfiedler.net

1. Ideia para uma busca de imóveis inovadora:

simplificando as transações imobiliárias

Busca de imóveis inovadora: transações imobiliárias eficientes, simples e profissionais por meio de um portal inovador na internet

Em vez de apresentar os imóveis aos possíveis compradores e locatários, o portal de busca de imóveis (app – aplicativo) faz um perfil (perfil de busca) dos interessados em alugar ou comprar imóveis e o compara e conecta com os imóveis disponibilizados pelas corretoras.

2. Os objetivos das partes que procuram e oferecem imóveis

Na perspectiva dos vendedores e locadores de imóveis, é importante vender ou alugar o imóvel rapidamente e pelo maior preço possível.

Na perspectiva dos potenciais compradores e locatários, é importante encontrar um imóvel dentro do perfil desejado e conseguir comprar ou alugar rapidamente e sem transtornos.

3. Métodos de busca imobiliária utilizados até hoje

Geralmente, os interessados utilizam os grandes portais da internet para encontrar imóveis na região desejada. Com esses portais, eles podem receber listas com links dos imóveis por e-mail após preencherem um perfil de busca curto, muitas vezes, em dois ou três portais. Em seguida, normalmente o fornecedor do imóvel é contatado por e-mail, obtendo assim a possibilidade e a permissão para interagir com o interessado.

Os interessados também entram em contato com os fornecedores de imóveis individuais da região e criam um perfil de busca para cada um.

Entre os fornecedores dos portais de imóveis há tanto pessoas jurídicas quanto civis. A maioria dos prestadores de serviço profissionais são corretoras de imóveis, mas também há construtoras, imobiliárias e outras empresas do ramo. Neste texto, esses prestadores de serviço profissionais serão denominados genericamente de corretoras.

4. A desvantagem dos fornecedores particulares e a vantagem das corretoras

Na venda de imóveis, nem sempre há garantia de uma venda imediata por parte de vendedores particulares, pois pode haver, como no caso de um imóvel herdado, falta de acordo entre os herdeiros ou de uma declaração de herança. Além disso, tais transações podem ser dificultadas por aspectos jurídicos não esclarecidos, como o direito de residência.

No caso de imóveis postos para locação, é possível que o locatário não tenha permissão governamental para fazer a transação, tentando colocar um imóvel comercial para ser alugado como residência, como uma suposição.

Quando o fornecedor é uma corretora de imóveis, ela geralmente cuida dessas questões com antecedência. Além disso, muitas vezes todos os documentos imobiliários relevantes (como planta, mapas de fuga, certificados de eficiência energética, registros imobiliários e documentação legal) já estão disponíveis. Por conta disso, a compra ou o aluguel se dão rapidamente e sem complicações.

5. Busca de imóveis inovadora

Para que a associação entre interessado e locador ou vendedor se dê com rapidez e eficiência, é muito importante, de forma geral, oferecer uma abordagem sistemática e profissional na busca pelo imóvel.

A busca de imóveis inovadora adota uma abordagem/um processo inverso para fazer a ligação entre corretoras e interessados. Isso significa que, em vez de oferecer os imóveis aos possíveis compradores e locatários, o portal de busca de imóveis (app – aplicativo) faz um perfil (perfil de busca) dos interessados em alugar ou comprar imóveis e o compara e conecta com os imóveis disponibilizados pelas corretoras.

A primeira etapa consiste na elaboração de um perfil de busca concreto por parte do interessado no portal de busca de imóveis. Esse perfil engloba aproximadamente 20 dados. Alguns dos mais importantes são os seguintes (lista não exaustiva):

- Região/ código postal/ local;
- Tipo de imóvel;
- Área do terreno;
- Superfície habitável;
- Preço de venda/locação;
- Ano de construção;
- Número de andares;
- Número de quartos;
- Alugado (sim/não);
- Porão (sim/não);
- Varanda/terraço (sim/não)
- Tipo de sistema de aquecimento e
- Vagas de estacionamento (sim/não).

O importante é que as informações não sejam fornecidas livremente, mas somente ao abrir/clicar no respectivo campo de informação (como o tipo de imóvel) e ao selecionar um item de uma lista de possibilidades/opções pré-definidas (por exemplo, no tipo de imóvel: apartamento, casa, depósito, escritório etc.).

Além disso, o interessado pode criar perfis de busca adicionais ou alterar um já existente.

O interessado também insere suas informações de contato completas em campos pré-definidos. Estas incluem: nome, sobrenome, rua, número, código postal, município, telefone e e-mail.

Com isso, o interessado deve dar permissão para que as corretoras dos imóveis com o perfil desejado entrem em contato e mandem mensagens.

O interessado também assina um contrato com a operadora do portal de busca.

Na etapa seguinte, o perfil de busca é disponibilizado em uma API (Application

Programming Interface, como a openimmo alemã) para as corretoras registradas, ainda não visíveis. Note que essa API – uma espécie de chave para a realização da busca – deve ter suporte para quase todos os softwares de corretagem imobiliária e assegurar a transferência. Se esse não for o caso, isso deve ser possibilitado tecnicamente. Como já existem outras APIs sendo utilizadas (como a openimmo mencionada anteriormente), é importante que seja possível transferir os perfis de busca.

Em seguida, as corretoras comparam os seus imóveis com os perfis de busca. Para tanto, o imóvel é inserido no portal de busca de imóveis e os respectivos dados dos perfis são comparados e conectados entre si.

Após essa comparação, é exibida uma porcentagem do grau de correspondência entre o imóvel e o perfil de busca. A partir de certa porcentagem (50%, por exemplo), os perfis de busca ficam visíveis no software de corretagem. Cada dado do perfil de busca recebe um peso diferente (sistema de pontos) para determinar a porcentagem (probabilidade) de correspondência após a comparação dos dados. Por exemplo, o dado "tipo de imóvel" recebe um peso maior do que a "superfície habitável". Além disso, certos dados (como "porão") podem ser selecionados como obrigatórios.

Nesse processo de comparação e associação dos dados, deve-se observar que o fornecedor tenha acesso apenas à região desejada (marcada). Isso simplifica a comparação dos dados, principalmente se levarmos em conta que os fornecedores muitas vezes atuam apenas regionalmente. Note que, hoje em dia, os serviços em nuvem permitem o armazenamento e o processamento de grandes volumes de informações.

Para garantir a profissionalidade da transação imobiliária, somente as corretoras podem acessar os perfis de busca.

Para tanto, estas assinam um contrato com a operadora do portal de busca de imóveis.

Depois de efetuada a comparação e a associação, as corretoras podem entrar em contato com os interessados e vice-versa. Isso significa também que, quando as corretoras exibem um imóvel aos interessados, obtém-se um registro das atividades da corretora para fins de recebimento de comissão se a transação imobiliária for realmente concluída. Para este fim, é necessário que a corretora tenha o consentimento do proprietário do imóvel (vendedor ou locador) para efetuar o negócio ou tenha sido encarregada por ele para realizar a transação.

6. Campos de aplicação

A busca de imóveis aqui descrita pode ser aplicada para compra, venda e aluguel de imóveis residenciais e comerciais. No caso dos imóveis comerciais, é necessário informar alguns dados de busca adicionais.

Como é comum, na prática também pode haver uma corretora trabalhando na área do interessado em um imóvel, por exemplo, prestando serviços para um cliente.

Quanto à área geográfica de aplicabilidade, o portal de busca de imóveis pode ser inserido em quase todos os países do mundo.

7. Vantagens

Essa busca de imóveis proporciona grandes vantagens aos interessados em imóveis quando buscarem imóveis em sua região, ou em outra cidade/região após uma mudança de emprego, por exemplo.

Eles somente precisam criar um perfil de busca uma vez para que as corretoras que atuam na região desejada lhes apresentem os imóveis adequados.

As corretoras obtêm com isso grandes vantagens de eficiência e economia de tempo para a venda ou aluguel.

Elas recebem imediatamente uma visão geral do potencial de interessados concretos de cada um dos imóveis oferecidos por elas.

Ademais, as corretoras podem entrar em contato (enviando uma descrição do imóvel, hipoteticamente) diretamente com o público-alvo relevante, cujos integrantes já refletiram concretamente sobre o imóvel que desejam por meio da criação de um perfil de busca.

Isso aumenta a qualidade dos contatos feitos com os interessados que já sabem o que estão procurando. Com isso, reduz-se o tempo total necessário para a transação imobiliária.

Por fim, como de praxe, a visita do interessado ao imóvel é seguida pela assinatura do contrato de compra ou aluguel.

8. Cálculo exemplificativo de potencial – apenas casas e apartamentos utilizados pelo proprietário (excluindo-se os imóveis alugados e os comerciais)

O seguinte caso evidencia o potencial do portal de busca de imóveis.

Tomemos como exemplo um município com 250.000 habitantes que atrai pessoas de outros lugares, como a cidade alemã de Mönchengladbach. Nesse município há 125.000 famílias, ou seja, dois habitantes por família, em um arredondamento estatístico, e a taxa média de pessoas que se mudam é de 10%. Assim, 12.500 famílias se mudam a cada ano, desconsiderando-se a diferença entre o número de imigrantes e emigrantes. Desse total, aproximadamente 10.000 (80%) procuram um imóvel para alugar e aproximadamente 2.500 (20%) procuram um imóvel para comprar.

De acordo com o relatório sobre o mercado imobiliário de Mönchengladbach emitido pela comissão estatística da cidade, em 2012 houve 2.613 compras de imóveis. Isso confirma o número supramencionado de 2.500 interessados em comprar imóveis que, na verdade, deve ser maior, uma vez que nem todos os interessados podem ter encontrado o imóvel desejado, por exemplo. Estima-se que o número real de interessados – concretamente o número real de perfis de busca – seja o dobro da taxa média de mudança de endereço (10%), o que significa 25.000 perfis de busca. Isso tendo em consideração, entre outros, que os interessados criam diversos perfis de busca no portal de busca de imóveis.

Cumpre mencionar ainda que, com base em experiências anteriores, cerca de metade de todos os interessados (potenciais compradores e locatários) provavelmente encontraram seus imóveis por meio de uma corretora – o que representaria um total de 6.250 famílias.

Também com base em experiências anteriores, pelo menos 70% de todas as famílias provavelmente buscaram imóveis por portais da internet, o que corresponde a 8.750 famílias e 17.500 perfis de busca.

Se 30% dos interessados, ou seja, 3.750 famílias e 7.500 perfis de busca de uma cidade como Mönchengladbach criassem seu perfil de busca no portal inovador de busca de imóveis (app – aplicativo), as corretoras registradas poderiam oferecer seus imóveis para compra a 1.500 (20%) perfis de busca reais e, para aluguel, a 6.000 (80%) perfis de busca reais.

Isso significa que, com uma busca de duração média de dez meses e um preço hipotético de 50 euros por mês por perfil de busca criado pelos interessados, obtêm-se um potencial de faturamento de 3.750.000 euros por ano para 7.500

perfis de busca em uma cidade de 250.000 habitantes.

Em uma projeção para toda a Alemanha, cuja população é de aproximadamente 80 milhões de habitantes, o potencial de faturamento é de 1.200.000.000 (1,2 bilhão) de euros por ano. Se o número de interessados que utilizam o portal inovador de busca de imóveis subir de 30% para 40%, por exemplo, o potencial de mercado aumentaria para 1.600.000.000 € (1,6 bilhão) de euros por ano.

Esse potencial de faturamento se refere apenas às casas e apartamentos utilizados pelo proprietário em si. Os imóveis alugados e de investimento, tanto residenciais quanto comerciais, não foram considerados nesse cálculo de potencial de mercado.

Há cerca de 50.000 empresas atuando no mercado imobiliário alemão (incluindo construtoras, imobiliárias e outras empresas do ramo), com um total de aproximadamente 200.000 funcionários. Se, supostamente, 20% delas utilizarem o portal de busca de imóveis inovadora, cada uma com duas licenças em média, a um preço hipotético de 300 euros mensais por licença, obtém-se um potencial de faturamento de 72.000.000 (72 milhões) de euros por ano. Além disso, as empresas também devem contratar o serviço regionalmente para os perfis de busca locais, possibilitando a geração de um significativo potencial de faturamento adicional, dependendo de como for a estrutura.

Com esse grande potencial de interessados com perfis de busca reais, as corretoras não precisariam mais atualizar continuamente seu próprio banco de dados de interessados, se este existir. Além disso, esse número de perfis de busca quando atualizado será, muito provavelmente, bem maior que a quantidade de perfis de busca inseridos nos bancos de dados de muitas corretoras.

Se esse portal inovador de busca de imóveis for utilizado em vários países, seria possível, analogamente, que alemães interessados em comprar apartamentos de férias em Mallorca (Espanha) criassem um perfil de busca para o local e, assim, as corretoras de Mallorca poderiam apresentar por e-mail os imóveis que se encaixassem no perfil desejado aos usuários alemães. Se as descrições dos imóveis estiverem em espanhol, elas poderiam ser traduzidas rapidamente para o alemão com a ajuda das ferramentas de tradução disponíveis atualmente na internet.

Para poder realizar a associação entre os perfis de busca e os imóveis disponibilizados em contextos multilinguísticos, o portal de busca de imóveis inovadora pode fazer a comparação dos dados de busca com base apenas nos valores programados (matemáticos), sem depender dos idiomas, e depois atribuí-los a cada língua.

Se o portal inovador de busca de imóveis for utilizado em todos os continentes, o potencial de faturamento mencionado anteriormente (contendo somente interessados em realizar buscas) seria o seguinte, conforme uma projeção simplificada:

População mundial:

7.500.000.000 (7,5 bilhões) de habitantes

1. População dos países desenvolvidos:

   2.000.000.000 (2,0 bilhões) de habitantes

2. População dos países emergentes:

   4.000.000.000 (4,0 bilhões) de habitantes

3. População dos países em desenvolvimento:

   1.500.000.000 (1,5 bilhão) de habitantes

Com base no potencial de faturamento anual da Alemanha, de 1,2 bilhão de euros para 80 milhões de habitantes, a projeção do potencial dos países industrializados, emergentes e em desenvolvimento será feita adotando os seguintes fatores de multiplicação:

1. Países industrializados: 1,0

2. Países emergentes: 0,4

3. Países em desenvolvimento: 0,1

Isso resulta no seguinte potencial de faturamento anual: 1,2 bilhão de euros x população (países industrializados, emergentes ou em desenvolvimento) / 80 milhões de habitantes x fator de multiplicação. Os resultados são:

1. Países industrializados:

   30,00 bilhões de euros

2. Países emergentes:

   24,00 bilhões de euros

3. Países em desenvolvimento:

   2,25 bilhões de euros

   Total: **56,25 bilhões de euros**

9. Conclusão

O portal de busca de imóveis aqui apresentado gera grandes vantagens para as pessoas que buscam imóveis (interessados) e as corretoras.

1. Os interessados reduzem drasticamente o tempo de busca de imóveis adequados, pois somente precisam criar o perfil de busca uma única vez.

2. As corretoras obtêm uma visão geral do número de interessados que já definiram objetivos concretos (perfis de busca).

3. Os interessados recebem de todas as corretoras apenas ofertas de imóveis desejados/adequados ao perfil de busca (uma espécie de pré-seleção automática).

4. Os corretores reduzem suas despesas com a gestão e atualização de seus bancos de dados individuais de perfis de busca, pois o sistema disponibiliza permanentemente

uma grande quantidade de perfis de busca atuais.

5. Como apenas profissionais/corretoras são registrados no portal de busca de imóveis, os interessados lidam com agentes imobiliários profissionais e experientes.

6. As corretoras reduzem o número de visitas agendadas e o tempo total de publicidade e divulgação. Os interessados também precisam agendar menos visitas e gastam menos tempo até a conclusão do contrato de compra ou locação.

7. Os proprietários dos imóveis postos à venda ou locação também economizam tempo. Ainda, eles obtêm uma vantagem financeira, pois os imóveis postos para locação passam menos tempo desocupados e eles recebem o pagamento de compras ou aluguel de imóveis mais cedo, devido à locação ou venda mais rápida.

Com a realização/implementação desta ideia de busca de imóveis inovadora, é possível fazer um grande avanço nas transações imobiliárias.

10. Integrando o portal inovador de busca de imóveis a um novo software de corretagem imobiliária com avaliação de imóveis inclusa

Para finalizar, o portal inovador de busca de imóveis aqui descrito pode ser, desde o princípio, implementado como parte essencial de um novo software de corretagem imobiliária que, idealmente, poderia ser utilizado em todo o mundo. Com isso, as corretoras poderiam utilizar o portal inovador de busca de imóveis junto com o seu software de corretagem imobiliária atual ou, teoricamente, utilizar o novo software de corretagem imobiliária incluindo o portal inovador de busca de imóveis.

Ao integrar este inovador e eficiente portal de busca de imóveis a um software próprio de corretagem imobiliária, cria-se um diferencial fundamental para o software, o que é muito vantajoso para sua inserção no mercado.

Como a avaliação de imóveis é e continuará sendo uma parte muito importante das transações imobiliárias, é imprescindível integrar uma ferramenta de avaliação de imóveis no sorteio de corretagem. Esta ferramenta de avaliação imobiliária, com seus respectivos parâmetros de cálculo, poderia acessar os dados/parâmetros relevantes do imóvel inserido por meio de interconexões. Se for necessário, a própria corretora poderia complementar os parâmetros ausentes com base em seus próprios conhecimentos do mercado regional.

Além disso, o software de corretagem imobiliária deve possibilitar a realização de um "tour virtual" nos imóveis disponibilizados. A implementação deste recurso poderia ser facilitada com o desenvolvimento de um aplicativo (app) adicional para smartphones e/ou tablets que, depois de fazer os registros eletrônicos utilizados para o tour virtual, os transferiria/integraria automaticamente ao software de corretagem imobiliária.

A integração desse portal de busca de imóveis eficiente e inovador a um novo software de corretagem imobiliária, incluindo uma ferramenta de avaliação de imóveis, aumentaria ainda mais o potencial de faturamento de forma considerável.

Matthias Fiedler
Korschenbroich, 31/10/2016

Matthias Fiedler
Erika-von-Brockdorff-Str. 19
41352 Korschenbroich
Alemanha
www.matthiasfiedler.net

www.ingramcontent.com/pod-product-compliance
Lightning Source LLC
Chambersburg PA
CBHW071528210326
41597CB00018B/2925